GUARDAR
UM CORPO
COM PALAVRAS

Cristina Rioto

GUARDAR UM CORPO COM PALAVRAS

poemas

Planeta

Preparação: Tamiris Sene
Revisão: Elisa Martins e Algo Novo Editorial
Projeto gráfico e diagramação: Renata Spolidoro
Imagens de miolo: Mariana Pelin
Capa: Renata Spolidoro
Imagem de capa: Mariana Pelin

Dados Internacionais de Catalogação na Publicação (CIP)
Angélica Ilacqua CRB—8/7057

Rioto, Cristina
Guardar um corpo com palavras / Cristina Rioto. - São Paulo : Planeta do Brasil, 2025.
128 p.

ISBN 978-85-422-3746-7

1. Poesia brasileira I. Título

25-2997 CDD B869.1

Índice para catálogo sistemático:
1. Poesia brasileira

MISTO
Papel | Apoiando o manejo florestal responsável
FSC® C019498
FSC www.fsc.org

Ao escolher este livro, você está apoiando o manejo responsável das florestas do mundo

2025
Todos os direitos desta edição reservados à
Editora Planeta do Brasil Ltda.
Rua Bela Cintra, 986, 4º andar – Consolação
São Paulo – SP – 01415-002
www.planetadelivros.com.br
faleconosco@editoraplaneta.com.br

O prazer do texto é esse momento em que meu corpo vai seguir suas próprias ideias — pois meu corpo não tem as mesmas ideias que eu.

Roland Barthes

Sumário

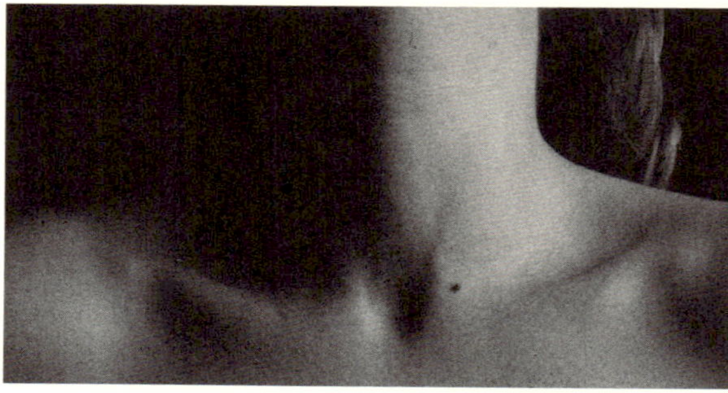

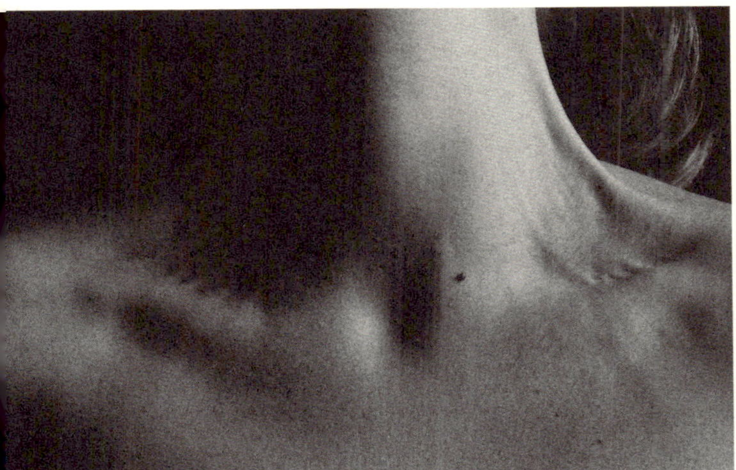

1.

o poema nasce de uma fissura

2.

quando filha
ainda na barriga
despertava o desejo
de comer manga

não sentia
os fiapos
nos dentes
que não tinha

mas o desejo
daquilo
que eu nem sabia

quem desejava

era eu

quem comia

minha mãe

3.

não se toca

sem algum risco

o íntimo das coisas

4.

infância

emprestar a ponta da canga para alguém
que ainda não sei o nome
mas vai me ajudar a construir um castelo

5.

de mãos vazias

te entrego tudo

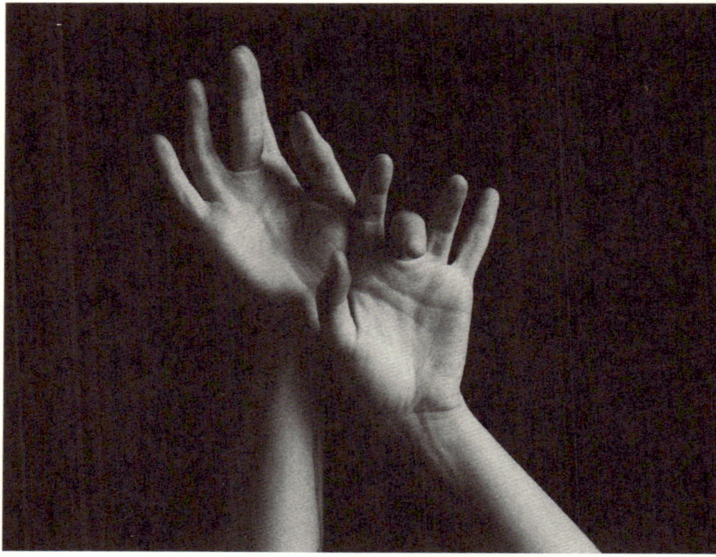

6.

(sobre o amor)

não a semelhança

mas o mistério

7.

olha para mim

vamos segurar o silêncio com os olhos

se essa memória carregar a minha lembrança

e a sua

já tem dois lugares para ficar

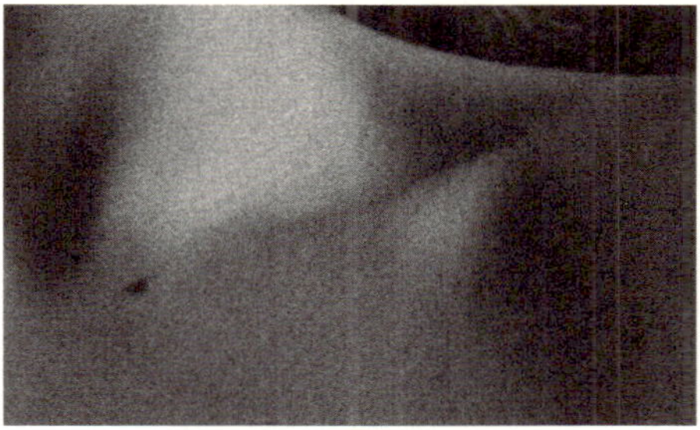

8.

se não assumo a sua presença

não há como você

partir

9.

meu gesto infantil

esconde uma ferida

velha

10.

me defendo

como quem disputa a linha de chegada

com a cicatriz

quem cria a batalha

sou eu?

11.

fôlego

experimentar a distância entre

correr o risco

e correr perigo

12.

esse lugar

de onde fugimos

é o exato lugar

onde podemos nos reconhecer

13.

destino

I.

quando me perguntam

onde gostaria de estar

a resposta

é

você

II.

não pergunto para a taróloga sobre nós

quero não saber

te desconhecer

te encontrar

14.

motivações da língua

responder à sede

perceber os taninos

engolir o medo

falar seu nome

15.

talvez a palavra

seja um traço

visível

do sentimento

16.

o risco da escrita

inscrever meu desejo no tempo

confessionário

a céu aberto

17.

tem sujeira

que só sai

com as mãos

18.

escrevo

escrever é meu nascimento

19.

escrever a folha da árvore

que cai no rio

e segue o curso

de ser folha

envolta de natureza

morta

pois aquela natureza

não é mais a sua

20.

o encontro

é irreversível

21.

abro a janela do carro

mesmo sabendo a bagunça que o vento vai fazer

vento na cara

faz lembrar que estou viva

a bagunça também

22.

eu não tenho pressa

eu tenho vontade

23.

bebo um gole de água

e todo corpo

se molha

24.

o que é o vento

se não

o seu efeito

25.

não estamos a salvo

amar

é fatal

26.

bananas amadurecem juntas

ontem amarravam a boca
hoje, uma penca de doçura

mudam de cor
ganham pintas
viram outras

não uma
ou outra

o destino é um contágio

quanto tempo separa
o doce
do estrago?

27.

todo excesso é um perigo

28.

receita

para um homem

meu corpo está sempre em preparo

29.

1922

seu nascimento enquanto referência

como se só houvesse mundo antes

e depois

de você

30.

sublingual

guardar embaixo

do tapete

prolonga

o efeito

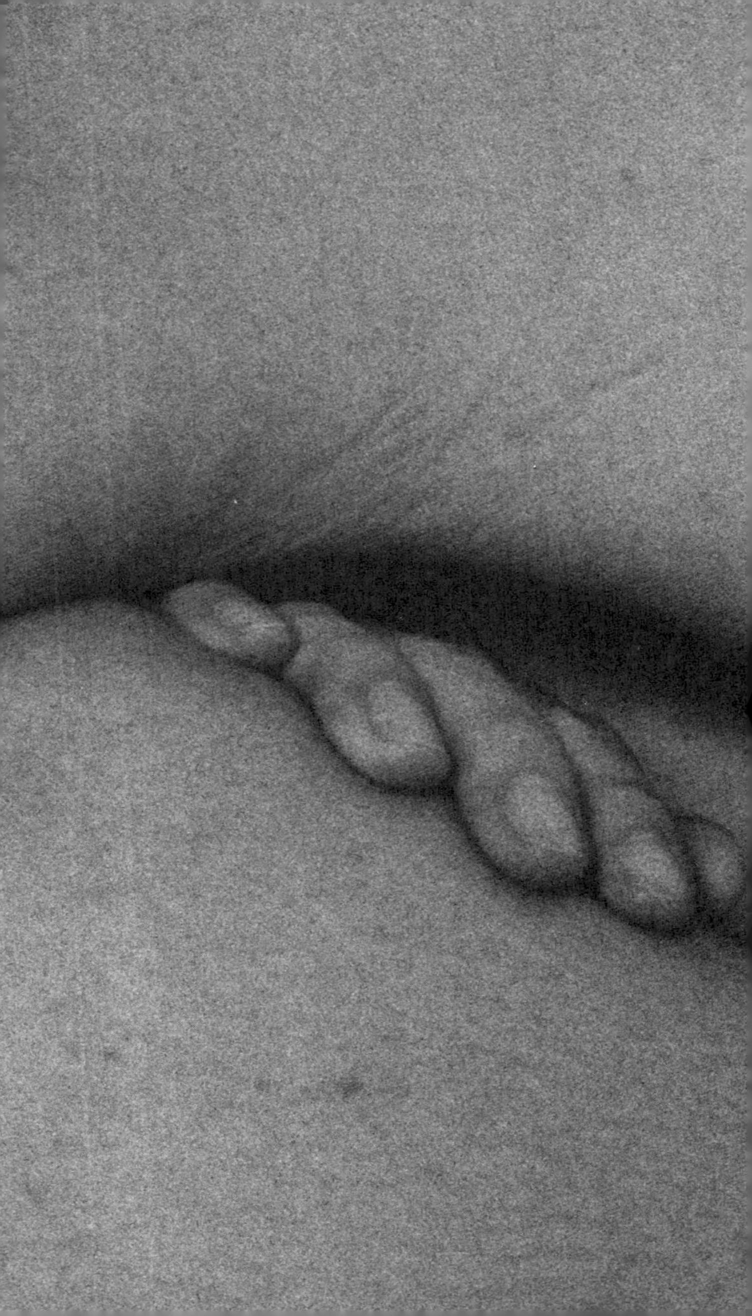

31.

casa

aprender a pisar nos próprios abismos

32.

bati o dedo na quina

um choro que eu não sabia
se vinha da quina
ou de alguma esquina
esquecida

um choro engasgado
engatilhado
na ponta do pé

qual caminho faz a lágrima
antes de pingar?

33.

o corpo persegue

a ferida

34.

quanto leva

para limpar

o que não se vê?

35.

(perguntar já é muita coisa)

36.

apego

seguir roendo o osso
que não mata a fome

37.

como posso sentir saudade

daquilo que nunca tive

38.

endereçar

minha falta

a mim

preenche

39.

quando me toco

sou quem toca

e é tocada

emissora

e receptora

do próprio corpo

40.

a poesia

me ensinou

a falar

41.

escovo a língua com

violência

como quem revira

a sujeira

da garganta

42.

as mesmas palavras

ditas de outro jeito

não são as mesmas

43.

crer em um amor

para poder inventá-lo

44.

a gente nunca para de construir uma casa

45.

vigília

nem sempre
se aprende
a desaprender

46.

toda vez que te entrego

meu peito

exponho a carne

à navalha

com calma

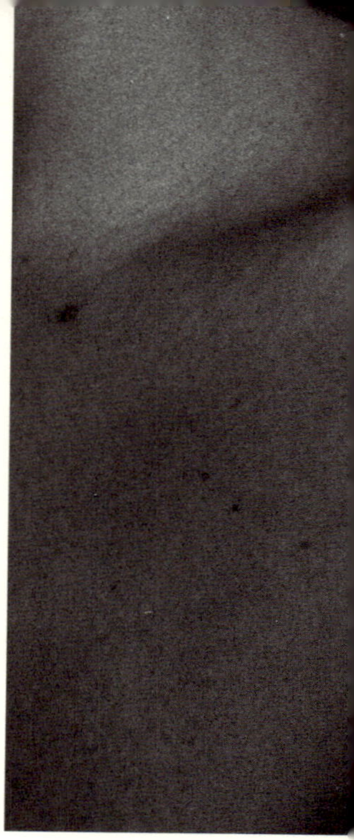

47.

sempre passa pelo corpo

e às vezes

fica

48.

há necessidade

de oferecer um destino

para o que se escreve?

Agradecimentos

Dedico estes poemas às minhas avós, Nilza, Coca e Lourdes.

Agradeço aos meus pais, Soraya e Marcelo, por me amarem como amam.

Aos meus afetos, carne viva em mim.

Ao meu analista, por guardar minhas palavras com seu corpo.

À Carolina Junqueira, pela delicada interlocução com meus rascunhos.

À Mariana Pelin, por me presentear com as fotografias deste livro e, principalmente, com sua amizade, que para mim é casa.

À leitura e à amizade de Gabriela Barretto, Thaís Macedo, Fernanda Meirelles e Livia Orsati.

À Ana Suy e à Mar Becker, por quem tenho profunda admiração, pela leitura generosa que se fez palavra na capa e orelha deste livro.

À Editora Planeta e ao Felipe Brandão, pelo honroso convite; à Mariana Silvestre, minha editora querida; e a cada pessoa que investiu seu tempo para tornar este livro possível.

Ainda, e sempre, a você que me lê, destino de tudo isso.

Sobre o projeto @caixadesaida

Pra onde vai o que não se envia? Foi movida pelo desejo de compartilhar palavras escritas, mas nunca publicadas, que a escritora, redatora e comunicadora Cristina Rioto criou o @caixadesaida. A página reúne, em e-mails sem remetente ou destinatário, pílulas poéticas que tateiam memórias, sentimentos e sensações guardadas dentro da caixa. Hoje, o projeto alcança centenas de milhares de leitores pelo Instagram e se desdobra em outras criações, como oficinas de escrita realizadas em espaços diversos, entre eles a Casa Museu Ema Klabin, e a participação de Cristina como palestrante convidada no TEDx, em 2024.

Acreditamos
nos livros

Este livro foi composto em Georgia Pro e impresso pela Geográfica para a Editora Planeta do Brasil em julho de 2025.